AF349567

MÉMOIRE

POUR l'établissement d'un tribunal judiciaire dans la ville d'Arbois.

Arbois, une des trois principales villes de la Franche-Comté par sa population, son commerce et ses manufactures, a été la seule oubliée dans la nouvelle division de cette province.

Elle n'est siège ni de district, ni de département : on ne lui a pas même donné aucun alternat.

Cependant, dans le département du Jura il y avoit sept établissemens à former, autant qu'il y a de villes bailliages. Naturellement en accordant à une le siège du département, les six autres devoient être les siéges des six districts.

Toutes les faveurs ont au contraire été réunies dans les mêmes lieux. Lons-le-Saunier, Soligny, Salins et Dole (1) sont chefs-

____

(1) On est très-éloigné de contester à la ville de Dole les égards et la considération dûs à son titre d'ancienne capitale du comté de Bourgogne.

A

lieux de districts ; le siége du département et son directoire alterneront entre ces quatre villes. Saint-Claude, qui est aussi chef-lieu de district, conservera son évêché ; et toutes sont encore destinées à devenir les siéges des tribunaux judiciaires.

Aussi-bien située que Lons-le-Saunier et Soligny, plus considérable qu'elles, plus centrale que Salins et Dole (1), ni moins ancienne, ni moins fidèle que toutes ces villes, Arbois a la douleur de dépendre aujourd'hui de son égale, et de former avec son bailliage le district de Salins.

____

(1) La centralité d'Arbois a été reconnue par le choix qu'on en a fait pour le lieu de l'assemblée des électeurs du département ; mais certainement on n'envisagera pas comme un dédommagement, et de ce qu'on lui a ôté, et de ce qu'on ne lui donne pas cette assemblée électorale qui aura lieu tous les deux ans. On sait les relations considérables qu'Arbois entretient avec le reste de la province. La plupart des électeurs auront des connoissances dans la ville ; ces connoissances se feront un plaisir et un devoir de les fêter ; et en définitif, l'assemblée sera une charge pour les habitans ; ils ne s'en plaignent pas ; mais enfin il ne seroit pas juste qu'on voulût leur faire prendre pour une indemnité, ce qui est une occasion de dépenses.

(3)

Il le faut, a-t-on dit ; et sa soumission res-
pectueuse aux décrets de l'Assemblée Natio-
nale lui a fait supporter courageusement
cette réunion humiliante.

Mais l'Assemblée a prévu dans sa sagesse
le cas où deux villes pourroient concourir
pour les mêmes etablissemens : dans cette
hypothèse elle a permis de la diviser ; son in-
tention est manifestée dans une multitude
de décrets, particulièrement dans celui du
9 décembre 1789.

Les titres, qui assurent à Arbois cette division, sont incontestables ; ils devoient
déja lui adjuger le district ; mais privé d'un
représentant à l'Assemblée Nationale, elle
n'a pu les y faire valoir contre des villes
toutes représentées.

Le comité de constitution, après avoir en-
tendu le député extraordinaire d'Arbois con-
tradictoirement avec les députés du Jura,
convaincu des droits de cette ville à la faveur
qu'elle desiroit, persuadé qu'elle méritoit
que l'on songeât à la préserver de la déca-
dence infaillible où l'entraîneroit nécessairement une décision qui la priveroit de toute
espèce de prérogatives, regrettant de ne

pouvoir lui donner un des six districts déjà fixés, lui destina la résidence du tribunal de justice.

Mais alors l'Assemblée n'avoit point pris de parti sur l'ordre judiciaire, ainsi elle ne pu rien décider sur cet objet.

Aujourd'hui Arbois consternée du néant, auquel on la condamne, réclame auprès des représentans de la nation, l'accomplissement des dispositions du comité.

Par respect pour leur tems précieux, on ne répétera point ici ce que l'on a dit dans le mémoire d'Arbois, au sujet de la division du département du Jura, sur l'heureuse position de cette ville, sur le nombreux concours des Francs-Comtois qu'elle entretient, dans son enceinte, sur son genre de culture digne d'égards, sur son commerce, sur la nécessité de l'entretenir pour sa vivification, sur les relations, les rapports et les habitudes des habitans des campagnes formées dans cette ville à plus de dix lieues à la ronde, etc.

Ces motifs sont tels cependant qu'elle ne croit pas que l'Assemblée, jalouse d'ajouter

au titre d'*auguste* celui d'*équitable*, lui re-
fuse son assentiment.

Certes il est affligeant pour Arbois d'avoir
à soutenir contre Salins, une lutte provo-
quée par l'adresse d'une ville, moins faite
sous tous les aspects, que les deux premières
pour être en même-tems siège de district et
de tribunal, et à son tour celui de département. Mais ce qui doit consoler Arbois,
c'est que si elle fait usage des armes que l'in-
térêt public lui a mise entre les mains, ce
n'est pas pour acquérir une possession nouvelle, mais pour retenir une faible portion
des débris de ses anciens établissemens. Laquelle des deux villes, Salins ou Arbois,
doit-elle donc conserver son tribunal de
justice ?

La commodité des justiciables, la facilité
de l'abord, la fréquence des voyages dans
un lieu, sont sans doute les raisons déter-
minantes d'y fixer la jurisdiction.

Or Salins ne possède aucun de ces avan-
tages, qui se trouvent réunis à Arbois.

Non-seulement Salins est à l'extrêmité du
département du Jura, elle est encore située,
au nord, sur la ligne de démarcation de

son district. Arbois, au contraire, une des villes les plus rapprochées du milieu du département, se trouve au centre du district de Salins.

Le village le plus éloigné, au levant, est les Arsurettes ; au couchant, c'est celui de Champagne ; ils ne sont ni l'un, ni l'autre plus près de Salins que d'Arbois. Nécessairement ceux du centre se rapprochent d'avantage ; et il y auroit pour une foible partie de la montagne un quart d'heure, une demie heure même de différence, qu'elle seroit bien compensée par la plus grande facilité des chemins (1).

Ajoutez la facilité du transport : elle augmente et fait partie de la commodité. Arbois est situé dans une plaine : on y arrive par six grandes routes qui se distribuent dans

---

(1) Ce fut par la crainte d'être entièrement désertée que la ville de Salins s'opposa il y a quelques années à la direction de la grande route qu'Arbois avoit demandée pour la montagne ; mais un arrêt du conseil l'a déboutée de son opposition, et cette route a été construite à la grande satisfaction des montagnards, qui n'en pratiquent point d'autre pour venir aux marchés d'Arbois et pour leurs voyages.

toutes les parties du district, et communi-
quent au reste de la Franche-Comté. Salins,
privé de cette ressource, est d'un accès diffi-
cile, et de quelques côtés dangereux à
cause de sa situation au fond-d'un abîme.

Une autre raison, la nécessité pour la
plupart des habitans circonvisins de venir
souvent à Arbois, a été développée dans
son premier mémoire. On convient générale-
lement que cette ville infiniment commer-
çante, est un des marchés les plus fréquen-
tés de la province ; par cette observation,
tombe le système que pour empêcher la mul-
tiplicité des voyages, il faut placer les tribunaux dans les chefs-lieux des districts.

La suppression d'une foule d'autres
moyens ne supposant pas de négliger de
relever quatre circonstances qui militent
puissamment en faveur de la prétention
d'Arbois.

La première c'est le vœu des municipa-
lités du bailliage, qui toutes font instance
pour que le siege de la justice soit conservé
à Arbois. Leurs délibérations à ce sujet
sont déposées au comité de constitution.

La seconde c'est qu'Arbois fournissant

autant que Salins à la composition du district et du tribunal, il est de l'équité qu'à l'une appartienne le chef-lieu du district, à l'autre le siege de la jurisdiction ; et quoique Salins ait déjà le district, Arbois lui laisse l'option entre ces deux établissemens.

La troisième est relative à la perte qu'Arbois éprouve de son bailliage, de sa justice de prévôté, de vicomté, d'eaux et forêts sur sa banlieue, de celle de police resortissante au parlement ; si l'on veut encore de sa subdélégation, sans compter huit établissemens ecclésiastiques. A la vérité tous ces titres disparoissent devant un nouvel ordre de chose ; mais l'Assemblée Natio-nale, en posant comme un des grands principes de la constitution, la division des pouvoirs n'a pas voulu enrichir une ville privilégiée des dépouilles d'une autre.

La quatrième, c'est la considération qu'Arbois semble préparé pour recevoir dignement le siege qu'elle sollicite. Elle a un hôtel-de-ville, un auditoire, des prisons. Ces édifices, dira-ton, sont trop anciens. Mais leur ancienneté prouve celle du

siege ; et si on vouloit mieux , le prieuré
fourniroit des salles vastes et en tout un
hôtel magnifique , où l'on rassemblera dans
un degré supérieur tout ce qui peut avoir
rapport à une cour de justice (1). Son tribunal étoit composé de six offices de juges ,
d'un avocat, d'un procureur du Roi et d'un
substitut , de deux greffiers , l'un civil et
l'autre criminel. Il y a un tableau de trente-
un avocats , de huit procureurs postulans.
Elle a de plus dix notaires et six huissiers ;
ce tableau , en forme probante , est produit.
On ne parlera pas de sa population qui ex-
excède 8 mille ames ; (celle de Salins diffère
à peine) de sa contribution patriotique ,
pour laquelle 1633 chefs de famille sont
inscrits (2) , de son imposition ordinaire ,

____

(1) La ville d'Arbois , qui a saisi toutes les occasions
de signaler son patriotisme , a fait sa soumission d'acquérir des biens nationaux en valeur de 300,000 livres.

(2) La preuve de la population d'Arbois est établie
tant par un certificat de son subdélégué , que par une
liste de 1633 des chefs de famille enregistrés pour la
contribution patriotique , et qui , à raison de cinq personnes par ménage, comme le calcul le gouvernoit, élève
déjà la population d'Arbois à 8,165 personnes. Ce certificat et cette liste , légalisée par le lieutenant général
du bailliage , sont produits au comité de constitution.

étant de 3,569 liv. 13 sols 10 den. , tandis que celle de Salins n'est que de 900 livres ; de ses autres impôts qui se sont élevés en 1689, à 34,605 liv. 16 sols 1 den. ; de l'entier dévouemunt de ses citoyens presque tous guerriers honorés en grand nombre des marques glorieuses d'avoir servi la patrie , pour qui ils sont toujours prêts à verser leur sang ; de sa garde nationale de 1200 hommes , la plus nombreuse du département du Jura , dont les députés à la fédération ont attiré l'attention de l'Assemblée elle-même , les regards de la capitale , et reçu des témoignages flatteurs de la satisfaction du Monarque.

Tous ces accessoires attestent la masse de l'existence d'Arbois ; ils en dérivent , ils la décorent et peuvent lui assurer des égards , sur lesquels elle se défend d'insister , pour s'en rapporter , du placement du tribunal dans son sein , aux lumières , à la prudence et à la justice des représentans de la nation Française.

MORIVAUX , député d'Arbois.